GARY CHAPMAN · ROSS CAMPBELL

Die 5 Sprachen der Liebe FÜR KINDER

kompakt

Illustriert von Sven Gerhardt

Francke

MIX
Papier aus verantwortungsvollen Quellen
FSC® C014138
FSC
www.fsc.org

4. Auflage 2024
ISBN 978-3-86827-614-5

35037 Marburg an der Lahn
Deutsch von Ingo Rothkirch
Umschlaggestaltung und Illustrationen: Sven Gerhardt
Satz: Francke-Buch GmbH
Printed in Czech Republic

www.francke-buch.de

Inhaltsverzeichnis

GIVE
ME
FIVE
DEUTSCH

Die Liebe ist das Fundament für alles

Jedes Kind hat einen inneren Liebestank. Daraus bezieht es die Energie, die es für die Herausforderungen seines Lebens braucht. Dieser Tank muss vor allem mit bedingungsloser Liebe gefüllt werden. Nur durch sie fühlt sich ein Kind so angenommen, wie es ist.

> Eltern, die ihr Kind bedingungslos lieben, kümmert es nicht, was es leistet.

Eltern, die ihr Kind bedingungslos lieben, kümmert es nicht, was es leistet, wo es Schwächen hat und ob es den elterlichen Erwartungen entspricht, d. h. ihre Liebe ist unabhängig vom Verhalten des Kindes. Aber wenn wir unserem Kind un-

sere Liebe nur dann zeigen, wenn es sich an die Regeln hält, fühlt es sich nicht wirklich geliebt. Es wird verunsichert und sein Selbstwertgefühl nimmt Schaden. Es leidet unter Versagensängsten und resigniert oder wird aggressiv. Aber ein Kind, das ohne Vorleistung geliebt wird, fühlt sich geborgen. Es lernt, mit seinen Ängsten umzugehen und sein Verhalten sinnvoll zu steuern.
Da Kinder sich weitgehend am Verhalten der Eltern orientieren, reicht es nicht aus, ihnen nur mit Worten zu sagen, dass wir sie lieben. Wir müssen ihnen unsere Liebe durch unser Verhalten zeigen. Und hier kommen die fünf Sprachen der Liebe ins Spiel:

Die Liebessprache Ihres Kindes sprechen

Es gibt fünf Sprachen der Liebe und Kinder brauchen alle fünf, damit ihr innerer Tank umfassend gefüllt ist. Eine davon versteht Ihr Kind ganz besonders gut. Das ist seine Muttersprache der Liebe.

Wenn Ihr Kind noch keine fünf Jahre alt ist, werden Sie noch keine Aussagen über seine Liebessprache machen können. Sprechen Sie dann alle fünf Sprachen gleichermaßen. Seien Sie zärtlich, loben und ermutigen Sie es regelmäßig, verbringen Sie viel Zeit mit dem Kind, und machen Sie ihm durch kleine Gesten und Geschenke immer wieder Freude. All das wird ihm Ihre Liebe beweisen.

2
1
3

Sprache der Liebe Nummer 1: Lob und Anerkennung

Mit Worten lässt sich die Liebe vortrefflich ausdrücken. Worte der Zuneigung, des Lobes und der Ermutigung sagen einem Kind: „Du bist mir wichtig.“ Solche Worte bringen das Selbstwertgefühl des Kindes zur Entfaltung und geben ihm ein Gefühl der Geborgenheit.

Umgekehrt können Beschimpfungen aus einem Wutanfall heraus dem Selbstwertgefühl eines Kindes schaden und Zweifel an seinen Fähigkeiten säen, denn Kinder glauben uns noch jedes Wort. Lange bevor Kinder die Bedeutung einzelner Worte verstehen, bekommen sie schon deren emotionale Färbung mit. Auch der Tonfall und die Atmosphäre, die zwischen Eltern und Kind besteht, sind daher Ausdrucksmittel der Liebe.

Für Kleinkinder ist fast alles, was sie anpacken, eine neue Erfahrung – all das setzt Mut voraus. Wir haben es in der Hand, ob wir mit unseren Worten ENT-MUTIGEN oder ER-MUTIGEN, damit sich unser Kind im Leben immer mehr zutraut.

Für Kleinkinder ist fast alles, was sie anpacken, eine neue Erfahrung.

Wer ein Kind ermutigen will, wird eher auf all das schauen, was einem Kind gelingt. Aber im Alltag fällt uns oft eher sein negatives Verhalten auf. Es kostet uns also Mühe, das Positive

in den Vordergrund zu rücken. Aber diese Mühe lohnt sich. Denn mit dem Lob erfährt das Kind unsere Liebe.

Ein so kostbarer Satz wie „Ich hab dich lieb“ sollte niemals durch Negatives eingeschränkt werden. Wenn wir zu einem Kind sagen: „Ich habe dich lieb, aber eins muss ich dir mal sagen...“, dann ist die Liebe ausgelöscht. Das gilt ganz besonders bei Kindern, deren persönliche Liebessprache Lob und Anerkennung ist.

AUSSAGEN VON KINDERN

„Ich habe meine Mutter lieb, weil sie mich lieb hat. Das sagt sie mir jeden Tag. Ich glaube, dass mein Vater mich auch lieb hat, aber er sagt es mir nie."

(Christina, 8 Jahre alt)

„Ich weiß, dass meine Eltern mich lieb haben. Als ich mir den Arm gebrochen habe, haben sie mir immer Mut gemacht, obwohl es mir schwerfiel, meine Hausaufgaben zu machen. Sie haben mich getröstet und gesagt, dass ich alles schon aufholen werde. Sie sind stolz auf mich, weil ich mich nicht unterkriegen lasse, und sie glauben, dass ich den Anschluss nicht verpassen werde."

(Lisa, 12 Jahre alt)

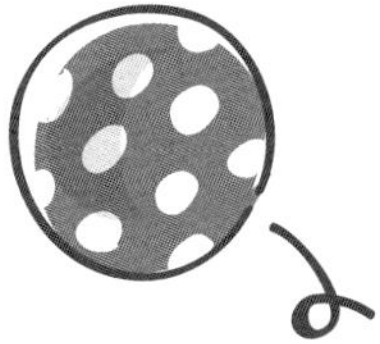

Sprache der Liebe Nummer 2: Zweisamkeit

Die Liebessprache der Zweisamkeit, d. h. der ungeteilten Aufmerksamkeit, verlangt, dass wir uns regelmäßig ganz auf unser Kind konzentrieren. Die meisten Säuglinge und Kleinkinder haben daran keinen Mangel. Wickeln, Füttern und Anziehen – all das bedeutet, regelmäßig im Mittelpunkt zu stehen.

Doch sobald das Kind größer wird und wir uns mit dem Kind oder Jugendlichen ausgiebig beschäf-

Es ist wirklich schön mit unserem kleinen Anton.
Wir genießen einfach die Zeit zusammen!

tigen wollen, müssen wir andere wichtige Dinge aus unserer Prioritätenliste streichen. Wenn wir einem Kind die ungeteilte Aufmerksamkeit schenken, vermitteln wir ihm die Botschaft: „Du bist mir wichtig. Und ich fühle mich wohl in deiner Gegenwart." Es fühlt sich dann geliebt, weil es seine Eltern ganz für sich hat.

> Wir müssen manchmal andere wichtige Dinge von unserer Prioritätenliste streichen.

Die Art, wie Sie Ihrem Kind in die Augen schauen, ist besonders bedeutsam, wenn Sie mit ihm zusammen sind. Der Blick ist ein starkes Ausdrucksmittel der Liebe und schlägt die Brücke von Herz zu Herz. Wissenschaftliche Untersuchungen haben gezeigt, dass der Blickkontakt von Eltern oft nur dazu benutzt wird, um mit einem Kind zu schimpfen oder ihm etwas zu verbieten.

Zweisamkeit lässt sich nicht nur durch Aktivitäten erleben. Ganz wichtig ist auch das Zwiegespräch, durch das Sie und Ihr Kind sich immer besser kennenlernen. Wenn Sie mit Ihrem Kind allein sind, ergeben sich oft spontan sehr gute Gespräche über ganz persönliche Dinge. Solche Gespräche tun der Seele eines Kindes gut. Sie geben ihm das Gefühl, geliebt, wichtig und ernstgenommen zu sein.

Bei kleineren Kindern ist das Gute-Nacht-Sagen der günstigste Augenblick für vertraute Zwiegespräche. Entscheidend ist, dass Sie Ihrem Kind zuhören. Eine Gutenachtgeschichte ist immer eine passende Einleitung für das Schlafengehen. Machen Sie beim Vorlesen Pausen oder geben Sie nach der Geschichte Gelegenheit,

> Bei kleineren Kindern ist das Gute-Nacht-Sagen der günstigste Augenblick für vertraute Zwiegespräche.

Bevor du gleich Heia machst, erkläre ich dir hier noch mal das Tag-Nacht-System. Wichtig ist die gestrichelte Linie in der Mitte. Ab da möchte Mama Ruhe haben!

über das Gehörte nachzudenken und zu reden. So werden sich Kinder ihrer Gefühle bewusst. Bei diesen Zwiegesprächen auf der Bettkante, kann man entspannen und alles loswerden, was das Herz schwer macht. Halten Sie an diesem Ritual fest, auch wenn aus Kindern Teenager geworden sind. Das hilft Ihnen, miteinander im Gespräch zu bleiben.

Seien Sie nicht länger Sklave Ihrer „dringenden" Termine. Auf lange Sicht verliert manches, was heute so dringend erscheint, seine Bedeutung. Was Sie heute mit Ihrem Kind machen, wirkt sich in seinem späteren Leben aus. Wenn Sie Ihrem Kind aber nicht genügend Aufmerksamkeit schenken und nicht ausreichend Zeit mit ihm verbringen, dann wird es niemals wirklich sicher sein, ob Sie es auch lieben.

Seien Sie nicht länger Sklave Ihrer „dringenden" Termine.

AUSSAGEN VON KINDERN

„Ich weiß, dass meine Eltern mich lieb haben, weil sie sich oft mit mir beschäftigen. Wir machen ganz viel zusammen. Mein kleiner Bruder ist dann auch dabei."

(Lea, 8 Jahre alt)

„Ich weiß, dass Papa mich lieb hat, weil er Zeit für mich hat. Wir unternehmen viel zusammen. Er hat eine Dauerkarte für das Fußballstadion, und wir verpassen kein Spiel. Meine Mutter hat mich sicher auch lieb. Aber wir können nicht so viel zusammen machen, weil sie sich oft nicht wohlfühlt."

(Florian, 12 Jahre alt)

„Woher ich weiß, dass meine Eltern mich lieb haben? Hauptsächlich, weil sie immer für mich da sind. Ich kann mit ihnen über alles reden. Ich werde sie schrecklich vermissen, wenn ich in ein paar Jahren ausziehe. Aber auch dann werden sie für mich da sein."

(Marie, 16 Jahre alt)

Sprache der Liebe Nummer 3: Ich schenke dir etwas

Geschenke können ein sehr deutlicher Liebesbeweis sein. Im Augenblick der Übergabe drücken sie unsere Liebe aus, oft aber auch noch viele Jahre danach. Geschenke, die mit Sorgfalt ausgesucht werden, sind Symbole der Liebe. Allerdings ist das Geschenk für sich genommen nicht ausreichend, um den Liebestank gefüllt zu halten. Das Kind muss auch durch andere Gesten seiner Eltern das Gefühl bekommen, geliebt und umsorgt zu sein.

Schenken ist ein Phänomen, das es zu allen Zeiten gegeben hat und das in allen Kulturen zu finden ist. Im Griechischen kann man das Wort für Geschenk auch mit Gnade oder Liebesgabe übersetzen. Diese begriffliche Verquickung macht sehr schön deutlich, was ein Geschenk im Grunde ist: Es ist eine unverdiente Gabe und kein Lohn für geleistete Arbeit. Wenn eine Mutter ihrem Kind eine Überraschung mitbringt, weil es sein Zimmer aufgeräumt hat, dann ist das im Grunde kein Geschenk, sondern der Lohn für eine Leistung. Möglicherweise kennt das Kind die Wörter Lohn und Bestechung noch gar nicht, aber es durchschaut durchaus, was wir tun.

Wenn wir ein Geschenk wirklich als Ausdruck unserer Zuneigung überreichen wollen, sollten wir darauf achten, dass es immer etwas Besonderes bleibt. Aber seien Sie auf der Hut! Manche Eltern übertreiben es maßlos mit ihren Geschenken, um dadurch von der mangelnden Zuwendung und ihrem schlechten Gewissen abzulenken. Aber Kinder erkennen intuitiv, wenn die Eltern materielle Dinge als Liebesersatz anbieten.

Das Schenken verliert auch dann seinen Sinn, wenn Eltern die Zimmer ihrer Kinder mit Spielzeug voll stopfen, obwohl diese durch andere Liebessprachen längst zufriedengestellt sind. Schließlich büßt auch jedes weitere Schenken seine Symbolwirkung ein und das Kind verliert jeden inneren Bezug dazu.

Weniger ist oft mehr!

Gutes Spielzeug soll dem Kind beibringen, sich ganz auf eine Sache zu konzentrieren und auch noch viel Spaß dabei zu haben. Dafür ist weniger oft mehr.

Außer zu Weihnachten und zum Geburtstag sollten Geschenke viel öfter von Eltern und Kindern gemeinsam ausgesucht werden. Das gilt vor allem für größere Kinder. Man wird ihnen nicht jeden

Wunsch erfüllen können, aber es ist immer von Vorteil, ihre Vorlieben und ihren Geschmack zu berücksichtigen. Man sollte möglichst Geschenke machen, die sich ein Kind wirklich wünscht.

Kinder, deren Liebessprache das Schenken ist, zelebrieren meist schon das Auspacken. Meist bekommt das Geschenk dann einen Ehrenplatz im Zimmer, wo es jedem stolz gezeigt werden kann. Es hat einen ganz besonderen Platz in seinem Herzen erobert, weil es ein sichtbares Zeichen der elterlichen Zuneigung ist. Wenn diese Kinder ihr Geschenk anschauen, erinnert es sie daran, dass sie geliebt werden.

AUSSAGEN VON KINDERN

„Meine Erzieherin hat mich lieb, Oma. Guck mal, sie hat mir ein blaues Lineal mit Zahlen geschenkt."
(Frank, 5 Jahre alt, nach seinem ersten Kindergartentag)

„Alles, was ich anhabe, mein T-Shirt, meine Jeans und meine Schuhe sind Geschenke von meinen Eltern. Das ist für mich Liebe. Sie versorgen mich nicht nur mit dem Nötigsten, sondern schenken mir viel mehr dazu. Ich kann sogar meinen Freundinnen etwas davon abgeben, deren Eltern sich all das nicht leisten können."
(Michaela, 15 Jahre alt)

„Meine Eltern haben mich sehr lieb, sehen Sie dort, mein nagelneues Motorrad. Die Maschine haben mir meine Eltern geschenkt. Verdient habe ich es eigentlich nicht, weil ich mich auf dem Gymnasium nicht allzu sehr angestrengt habe. Trotzdem wollten sie mir

allzu sehr angestrengt habe. Trotzdem wollten sie mir zeigen, wie stolz sie auf mich sind. Wenn ich jetzt woanders mein Studium beginne, werde ich sie sicher sehr vermissen.“

(Chris, 18 Jahre alt)

Vielleicht weiß Ihr Kind heute noch nicht zu schätzen, was Sie ihm alles zukommen lassen. Doch wenn es älter wird, schaut es zurück und erkennt dann, dass Ihre elterliche Liebe und Zuneigung das größte Geschenk von allen war.

Die Skizze für mein neues Zimmer ist fertig. Das Himmelbett soll mit Fernsteuerung höhenverstellbar sein und die Rutsche hat eine eingebaute Stoppuhr!
Color
51

Sprache der Liebe Nummer 4: Hilfsbereitschaft

Kindern im Alltag zu helfen ist für viele Eltern selbstverständlich und wird oft gar nicht als ein Ausdrucksmittel der Liebe wahrgenommen.

Wenn dies aber die Muttersprache der Liebe Ihres Kindes ist, dann vermittelt ihm Ihre Hilfsbereitschaft die innere Gewissheit, geliebt zu werden. Wenn ein solches Kind Sie dann bittet, das Fahrrad zu reparieren, dann geht es ihm darum, Ihre Zuneigung zu spüren.

Eltern, die dieses Motiv erkennen, gehen freundlich auf solch eine Bitte ein. Und dann füllt sich der Liebestank ihres Kindes. Selbstverständlich ist es nicht nötig, sofort immer jeden Wunsch zu erfüllen. Die Eltern sollten nur besonders sensibel sein, wenn das Kind kommt und sie um Hilfe bittet. Dann können sie abschätzen, ob ein Aufschub Schaden anrichtet oder nicht.

Für diese Kinder ist jede Hilfe und jeder Gefallen ein echter Liebesbeweis. Wenn Sie Ihren Kindern helfen, fühlen diese sich unendlich geliebt. Sie brauchen die Eltern an ihrer Seite.

AUSSAGEN VON KINDERN

„Ich war in letzter Zeit viel krank. Dass Mama mich lieb hat, weiß ich genau. Immer, wenn ich Hilfe bei den Hausaufgaben brauche, ist sie für mich da und hilft mir. Wenn ich zum Arzt gehen muss, nimmt sie sich frei und begleitet mich. Und wenn es mir richtig schlecht geht, kocht sie mir meine Lieblingssuppe."
(Kyra, 7 Jahre alt)

„Ich weiß, dass Mutti mich lieb hat, weil sie mir jeden Abend bei den Hausaufgaben hilft. Sie muss viel arbeiten als Krankenschwester, damit wir Essen und was zum Anziehen haben. Mein Papa hat mich wahrscheinlich auch lieb, aber er tut nicht so viel für mich."
(Jörg, 12 Jahre alt)

„Ich weiß genau, dass meine Eltern mich lieb haben, denn sie tun unheimlich viel für mich. Mama hat mir und noch zwei Mitschülern das Kostüm für unsere Schulaufführung genäht. Da war ich richtig stolz auf sie. Papa war immer bereit, mir bei den Schularbeiten zu helfen. Gerade dieses Jahr hat er ganz schön viel Zeit für Mathe geopfert."

(Melanie, 14 Jahre alt)

Sprache der Liebe Nummer 5: Zärtlichkeit

Der zärtliche Umgang ist die einfachste Liebessprache. Für Körperkontakt braucht man keine besonderen Umstände oder Vorbereitungen. Liebevolle Berührungen müssen nicht immer nur Umarmungen oder Küsse sein. Jede freundliche Berührung ist geeignet, Liebe zu zeigen. Auch beschäftigte Eltern können ihren Kindern den Rücken kraulen oder die Schultern massieren. Säuglinge, die liebevoll hochgenommen, gestreichelt und geküsst werden, entwickeln sich emotional

Jede freundliche Berührung ist geeignet, Liebe zu zeigen.

gesünder als Kinder, die ohne diese Zuwendung auskommen müssen.

Vor dem Hintergrund der aktuellen Diskussion über Missbrauch schrecken viele Erwachsene vor Körperkontakt zu Kindern zurück. Es sind hierbei sicher ein paar Verhaltensregeln zu beachten, aber wir dürfen es nicht zulassen, dass Ängstlichkeit als Vorwand dafür herhalten muss, uns vor körperlichen Beweisen unserer Liebe zu drücken. Haben Sie keine Scheu, Ihr Kind und die jungen Menschen, mit denen Sie Umgang pflegen, in den Arm zu nehmen.

Kindern, die diese Liebessprache am besten verstehen, bedeutet Zärtlichkeit deutlich mehr als ein nettes Wort, ein tolles Geschenk, ein schnell repariertes Fahrrad oder ein ausgiebiges Gespräch unter vier Augen. Das alles spricht zwar auch für die Zuneigung der Eltern, aber am eindeutigsten werden regelmäßige Streicheleinheiten oder ein aufmunterndes Streichen über den Rücken als Liebesbeweis empfunden. Ohne sie wird der Liebestank dieser Kinder nie ganz voll.

AUSSAGEN VON KINDERN

„Ich weiß, dass Mutti mich lieb hat, weil sie mich immer so fest drückt."

(Lars, 11 Jahre alt)

„Ich weiß, dass meine Eltern mich lieb haben. Solange ich denken kann, habe ich beim Abschied von meiner Mutter einen Kuss bekommen. Und beide haben mich zumindest kurz gedrückt. Wenn ich heimkam, war es genauso. Wir machen das noch heute so."

(Jonas, Student)

Welche Muttersprache der Liebe spricht Ihr Kind?

Um herauszufinden, welche Liebessprache Ihr Kind spricht, können Sie sich an folgenden Merkmalen orientieren:

- *Achten Sie darauf, wie Ihr Kind Ihnen gegenüber seine Liebe zum Ausdruck bringt.*

Beobachten Sie Ihr Kind. Meistens drücken Kinder anderen ihre Liebe durch die Sprache aus, mit der auch sie angesprochen werden möchten. Das gilt vor allem für größere Kinder. Wenn Ihr Siebenjähriger Sie oft lobt, können Sie davon ausgehen, dass seine Liebessprache Lob und Anerkennung ist.

2. *Achten Sie darauf, wie Ihr Kind anderen gegenüber seine Liebe zum Ausdruck bringt.*

Wenn Ihr Erstklässler ständig den Wunsch äußert, seiner Lehrerin etwas mitbringen zu dürfen, könnte das ein Hinweis darauf sein, dass Geschenke seine Liebessprache sind.

3. *Achten Sie darauf, worum Ihr Kind am häufigsten bittet.*

Wenn Ihr Kind Sie oft bittet, mit ihm zu spielen, einen Spaziergang zu machen oder ihm vorzulesen, dann wünscht es sich Zuwendung und Nähe. Es möchte Zeit mit Ihnen verbringen und wünscht sich nichts sehnlicher als Ihre ungeteilte Aufmerksamkeit.

4. *Achten Sie darauf, worüber sich Ihr Kind am häufigsten beklagt.*

Wenn sich Ihr Kind darüber beschwert, dass Sie nie Zeit haben, um mit ihm auf den Spielplatz zu gehen, sondern sich immer um das Baby kümmern müssen, dann ist das nicht nur der Frust über das neue Geschwisterchen. Mit seiner Beschwerde fordert es Zuwendung und Aufmerksamkeit ein.

5. *Bieten Sie Ihrem Kind Alternativen an.*

Lassen Sie Ihrem Kind die Wahl, auf welche Weise Sie ihm Ihre Liebe zeigen sollen. So könnte der Vater zu seinem zehnjährigen Sohn sagen: „Eric, ich habe Donnerstagnachmittag frei. Wir könnten dann zusammen angeln gehen oder wir besorgen dir im Sportgeschäft ein Paar neue Fußballschuhe. Was wäre dir lieber?" Der Junge kann sich nun zwischen zwei Liebessprachen entscheiden.

Die Mutter könnte zu ihrer Tochter sagen: „Ich habe heute Abend etwas Zeit. Sollen wir einen Spaziergang machen oder soll ich dir die neue Jeans enger nähen?" Hier geht es um die Wahl zwischen Zweisamkeit und Hilfsbereitschaft.

Machen Sie das mehrere Wochen so und notieren Sie sich die Entscheidungen Ihres Kindes. Wenn immer wieder dieselbe Liebessprache gewählt wird, dann haben Sie wahrscheinlich diejenige entdeckt, die dem Kind am stärksten Ihre Liebe vermittelt.

Ich will keine Vokabeln mehr lernen!
Englisch ist einfach nicht meine Liebessprache!

Das 15-Wochen-Experiment

Wenn Ihre Vorgehensweise keine eindeutigen Hinweise gibt, können Sie noch ein weiteres Experiment machen. Aber wenn Sie es starten, dann sollten Sie die dazu nötigen fünfzehn Wochen auch durchhalten.

Wählen Sie eine der fünf Liebessprachen aus, auf die Sie sich in den nächsten vierzehn Tagen konzentrieren wollen. Haben Sie sich z. B. für die Zweisamkeit entschieden, sollten Sie versuchen, Ihrem Kind jeden Tag durch ungeteilte Aufmerksamkeit Ihre Liebe zu zeigen – und das mindestens eine halbe Stunde lang.

Konzentrieren Sie sich zunächst auf eine Liebessprache.

Beobachten Sie dann, wie sich das Kind verhält. Wenn es bei jedem neuen Vorschlag, Zeit mit ihm zu verbringen, freudestrahlend zustimmt, dann haben Sie möglicherweise schon gefunden, was Sie gesucht haben. Wenn es allerdings nach den vierzehn Tagen wieder mehr Zeit für sich selbst haben will, dann sollten Sie auf jeden Fall weitersuchen.

Nach diesen vierzehn Tagen sollten Sie zunächst eine Pause einlegen. Reduzieren Sie Ihr Engagement auf ein Drittel. Dadurch „normalisiert" sich Ihre Beziehung wieder. Inzwischen entscheiden Sie sich für eine weitere Liebessprache, auf die Sie sich nun in den folgenden zwei Wochen konzentrieren. Sollten Sie sich für den Körper-

Welche Sprache war das jetzt?
RUMMS!

kontakt entschieden haben, sollten Sie versuchen, mindestens viermal am Tag körperliche Nähe zu Ihrem Kind herzustellen. Bevor es morgens das Haus verlässt, könnten Sie es umarmen und ihm einen Abschiedskuss geben. Tun Sie das jeden Tag so und entwickeln Sie dabei Fantasie.

Aufmerksames Beobachten ist besonders wichtig!

Beobachten Sie seine Reaktion. Wenn sich Ihr Kind all das gern gefallen lässt und Ihnen ein entsprechendes Feedback gibt, dann sind Sie auf der richtigen Spur. Wenn sich Ihr Kind aber nach vierzehn Tagen immer öfter Ihren Annäherungsversuchen entzieht, dann wissen Sie, dass Körperkontakt auf keinen Fall die gesuchte Liebessprache ist. In der Woche danach sollten Sie sich wieder etwas zurückhalten und die Reaktion darauf beobachten. Nun suchen Sie sich eine weitere Liebessprache aus und verfahren entsprechend. Aufmerksames Beobachten ist jetzt besonders wichtig. Es könnte nämlich sein, dass Ihr Kind nach einer bereits ausprobierten Liebessprache Verlangen zeigt.

Sollte Ihr Kind Sie nach Ihrem ungewöhnlichen Verhalten fragen, dann könnten Sie antworten: „Ich möchte dir einfach auf vielerlei Weise zeigen, dass ich dich lieb habe. Du sollst wissen, wie wichtig du mir bist."

Sprechen Sie nicht über das Prinzip der Liebessprachen. Und vergessen Sie im Laufe dieser Wochen nicht, dass Ihr Kind durch alle Liebessprachen Zuneigung erfahren muss – durch Lob und Anerkennung, durch ungeteilte Aufmerksamkeit, durch Geschenke, durch Hilfsbereitschaft und durch Körperkontakt.

Wenn Sie festgestellt haben, dass die fünf Sprachen der Liebe die Atmosphäre in Ihrer Familie positiv beeinflusst haben, dann erzählen Sie davon Ihren Angehörigen und Freunden.

Je mehr glückliche Familien es gibt, desto stärker gewinnt die Liebe in unserer Gesellschaft an Boden.

ERFAHRUNGEN MIT DEN 5 SPRACHEN DER LIEBE

»Ein einfaches Modell, das überzeugt und sich in jeder Familie anwenden lässt. Das Verständnis füreinander ist bei uns gewachsen.«

»Die 5 Sprachen der Liebe haben tatsächlich geholfen, dem Familienfrieden wieder etwas näher zu kommen, und ich bin guter Dinge, dass das noch besser wird.«

»Grandiose Sache, diese Liebessprachen.«

»Eine absolute Hilfe, wie man Kindern die richtige, ihren Anforderungen entsprechende Liebe schenken kann!«
»Gary Chapman beschreibt auf einfache und nachvollziehbare Weise, wie unterschiedlich Menschen Liebe geben und empfangen und wie wichtig es ist, dabei die gleiche Sprache zu sprechen.«
Die 5 Sprachen der Liebe

Gary Chapman, Ross Campbell

Die 5 Sprachen der Liebe für Kinder

Wie Kinder Liebe ausdrücken und empfangen

Ihre ganze Liebe gilt Ihren Kindern. Aber sind Sie sich sicher, dass Ihre Kinder das auch spüren? Denn – was versteht Ihr Kind überhaupt unter Liebe? Lernen Sie mit diesem Bestseller die Muttersprache der Liebe, die Ihr Kind spricht, und es wird die Geborgenheit erfahren, die es zu einem liebesfähigen Menschen heranwachsen lässt.

224 Seiten · farbig illustriert · ISBN 978-3-86827-437-0

Über die Autoren:

DR. GARY CHAPMAN hat Anthropologie studiert und war viele Jahre in der Paarberatung tätig. Mit seinem New York Times-Bestseller „Die 5 Sprachen der Liebe“, der in über 60 Sprachen übersetzt wurde, hat er einen neuen Schlüssel zur Kommunikation gefunden und ein Millionenpublikum erreicht. Zusammen mit seiner Frau Karolyn lebt er in North Carolina.

ROSS CAMPBELL war Professor für Kinderheilkunde und -psychiatrie an der Universität von Tennessee/USA. Er leitete eine psychiatrische Praxis und ein Beratungszentrum für Erziehungsfragen.